Wilde | Das Sternenkind

Oscar Wilde

Das Sternenkind

und andere Märchen

Übersetzt von Hans-Christian Oeser

Reclam

RECLAMS UNIVERSAL-BIBLIOTHEK Nr. 14422
2023 Philipp Reclam jun. Verlag GmbH,
Siemensstraße 32, 71254 Ditzingen
Umschlaggestaltung: Philipp Reclam jun. Verlag GmbH
Umschlagabbildung: Clarence Gagnon, *Eutrope Gagnon Visits*, 1928/33 – akg-images
Druck und Bindung: EsserDruck Solutions GmbH,
Untere Sonnenstraße 5, 84030 Ergolding
Printed in Germany 2023

ISBN 978-3-15-014422-0

Auch als E-Book erhältlich

www.reclam.de

Das Sternenkind

Es waren einmal zwei arme Holzfäller, die bahnten sich ihren Heimweg durch einen großen Tannenwald. Es war Winter und eine bitterkalte Nacht. Auf dem Erdboden und auf den Ästen der Bäume lag dichter Schnee: Der Frost knickte zu beiden Seiten immer wieder kleine Zweige ab, als sie vorübergingen; und als sie zum Wasserfall kamen, hing dieser reglos in der Luft, denn der Eiskönig hatte ihn geküsst.

So kalt war es, dass selbst die Tiere und die Vögel nicht wussten, was sie davon halten sollten.

»Huh!«, knurrte der Wolf, als er, den Schwanz zwischen den Beinen, durchs Unterholz hinkte, »dies ist ein wahrhaft scheußliches Wetter. Warum kümmert sich die Regierung nicht darum?«

»Twit! Twit! Twit!«, zwitscherten die Grünfinken. »Die alte Erde ist tot, und man hat sie aufgebahrt in ihrem weißen Leichentuch.«

»Die Erde will sich vermählen, und dies ist ihr Brautkleid«, gurrten die Turteltauben einander zu. Ihre kleinen rosafarbenen Füßchen waren schon fast ganz erfroren, aber sie hielten es für ihre Pflicht, die Lage in romantischem Licht zu betrachten.

»Unfug!«, grollte der Wolf. »Ich sage euch, allein die Regierung hat daran schuld, und wenn ihr mir nicht glaubt, so fresse ich euch auf.« Der Wolf hatte einen gänzlich praktischen Verstand und war nie um ein treffendes Argument verlegen.

»Nun, ich für mein Teil«, sagte der Specht, der ein geborener Philosoph war, »ich gebe keine Atomtheorie auf eine Erklärung. Ein Ding ist so, wie es ist, und zur Zeit ist es furchtbar kalt.«

Furchtbar kalt war es gewiss. Die kleinen Eichkätzchen, die im Innern der hohen Tanne wohnten, rieben einander immerzu die Näschen, um sich warm zu halten, und die Kaninchen rollten sich in ihren Löchern zusammen und wagten sich nicht einmal ins Freie, um sich umzuschauen. Die einzigen Geschöpfe, die sich zu vergnügen schienen, waren die großen Horneulen. Ihre Federn waren ganz starr vor Reif, aber sie scherten sich nicht darum, und sie rollten ihre großen gelben Augen und schrien einander durch den Wald zu: »Uhuh! Schuhuh! Uhuh! Schuhuh! was für ein herrliches Wetterchen!«

Weiter und weiter gingen die beiden Holzfäller, bliesen sich kräftig auf die Finger und stapften mit ihren großen eisenbeschlagenen Stiefeln durch den verkrusteten Schnee. Einmal versanken sie in einer tiefen Schneewehe, und als sie wieder hervorkamen, waren sie weiß wie die Müller, wenn die Mühlsteine mahlen; und einmal rutschten sie auf dem harten, glatten Eis aus, zu dem das Sumpfwasser gefroren war, und ihr Reisig fiel ihnen aus den Bündeln, und sie mussten es aufklauben und wieder zusammenbinden; und einmal glaubten sie, sich verirrt zu haben, und großer Schrecken befiel sie, denn sie wussten, dass die Schneefrau grausam ist zu denen, die in ihren Armen schlafen. Aber sie setzten ihr Vertrauen in den guten heiligen Martin, der über alle Reisenden wacht, und folgten ihren eigenen Fußstapfen und gingen vorsichtig weiter, und zuletzt erreichten sie den Saum des Waldes und sahen, weit unten im Tal vor ihnen, die Lichter des Dorfes, in dem sie wohnten.

So überglücklich waren sie über ihre Rettung, dass sie laut auflachten, und die Erde erschien ihnen wie eine Blume aus Silber und der Mond wie eine Blume aus Gold.

Doch nachdem sie gelacht hatten, wurden sie traurig, denn sie entsannen sich ihrer Armut, und der eine von ihnen sagte zum anderen: »Warum waren wir lustig, da doch das Leben für die Reichen ist und nicht für solche, wie wir es sind? Besser, wir wären im Wald vor Kälte umgekommen, oder ein wildes Tier hätte uns angefallen und zerrissen.«

»Wahrhaftig«, antwortete sein Gefährte, »einigen wird viel gegeben, und anderen wird wenig gegeben. Das Unrecht hat die Welt gespalten, und nichts ist gleich verteilt als wie der Kummer.«

Doch wie sie einander so ihr Elend klagten, geschah etwas Sonderbares. Vom Firmament fiel ein sehr heller und schöner Stern. Er glitt seitlich am Himmel herab, flog auf seiner Bahn an den anderen Sternen vorbei, und als sie ihn staunend beobachteten, schien er hinter einer Gruppe von Weidenbäumen herniederzusinken, die dicht bei einer kleinen Schafhürde standen, nicht weiter als einen Steinwurf entfernt.

»Nanu! da liegt ein Topf Gold für den, der ihn findet«, riefen sie, und sie liefen los und rannten, so begierig waren sie auf das Gold.

Und der eine von ihnen rannte schneller als sein Genosse und überflügelte ihn und bahnte sich einen Weg durch die Weiden und kam auf der anderen Seite heraus, und siehe!, da lag wirklich etwas Goldenes im weißen Schnee. So eilte er darauf zu, beugte sich nieder und legte die Hände darauf, und es war ein Mantel aus Goldgespinst, wundersam mit Sternen durchwirkt und in viele Falten geschlagen. Und er rief seinem Kameraden zu, er habe den Schatz gefunden, der vom Himmel gefallen sei, und als sein Kamerad herbeigekommen war, setzten sie sich in den Schnee und schlugen die Falten des Mantels auseinander, um die Goldstücke aufzuteilen. Aber ach!, weder Gold noch Silber war darin noch überhaupt irgendein Schatz, sondern nur ein kleines Kind, das schlief.

Und der eine von ihnen sagte zum anderen: »Das ist ein bitteres Ende unserer Hoffnung, und wir haben kein Glück, denn was nützt einem Mann ein Kind? Wir wollen es hier liegen lassen und unseres Weges gehen, da wir doch arme Männer sind und eigene Kinder haben, deren Brot wir keinem anderen geben dürfen.«

Sein Gefährte aber antwortete ihm: »Nein, es wäre von Übel, das Kind hier im Schnee umkommen zu lassen, und bin ich auch so arm wie du und habe viele Mäuler zu stopfen und nur wenig im Topf, so will ich es doch mit mir nach Hause tragen, und mein Weib soll sich seiner annehmen.«

So hob er das Kind ganz zärtlich auf und umhüllte es mit dem Mantel, um es vor der strengen Kälte zu schützen, und machte sich auf den Weg den Hügel hinab zum Dorf, und sein Kamerad staunte sehr über seine Torheit und Weichherzigkeit.

Und als sie zum Dorf kamen, sagte sein Kamerad zu ihm: »Du hast das Kind, darum gib mir den Mantel, denn es schickt sich, dass wir sollen teilen.«

Der andere aber antwortete ihm: »Nein, denn der Mantel gehört weder mir noch dir, sondern dem Kind allein«, und er wünschte ihm viel Glück, ging zu seinem Haus und klopfte an.

Und als sein Weib die Tür öffnete und sah, dass ihr Mann unversehrt zu ihr zurückgekehrt war, schlang sie die Arme um seinen Hals und küsste ihn und nahm ihm das Reisigbündel vom Rücken und bürstete den Schnee von seinen Stiefeln und hieß ihn eintreten.

Er aber sagte zu ihr: »Ich habe im Wald etwas gefunden, und ich habe es dir mitgebracht, dass du dich seiner annimmst«, und rührte sich nicht von der Schwelle.

»Was ist es?«, rief sie. »Zeige es mir, denn das Haus ist nackt, und wir brauchen viele Dinge.« Und er schlug den Mantel zurück und zeigte ihr das schlummernde Kind.

»O weh, Ehemann!«, murrte sie. »Haben wir nicht genug eigene Kinder, dass du unbedingt einen Wechselbalg mitbringen musst, der mit uns am Herd sitzt? Und wer weiß, ob er uns nicht Unglück bringt? Und wie sollen wir ihn versorgen?« Und sie zürnte ihm.

»Es ist doch ein Sternenkind«, antwortete er; und er erzählte ihr von dem seltsamen Fund.

Sie aber ließ sich nicht besänftigen, sondern verhöhnte ihn und sprach im Zorn und rief: »Unseren Kindern mangelt es an Brot, und wir sollen das Kind eines anderen nähren? Wer kümmert sich um uns? Und wer gibt uns Nahrung?«

»Unser himmlischer Vater sorgt für die Sperlinge sogar und nährt sie doch«, antwortete er.

»Müssen nicht die Sperlinge im Winter des Hungers sterben?«, fragte sie. »Und ist jetzt nicht Winter?« Und der Mann erwiderte nichts und rührte sich nicht von der Schwelle.

Und vom Wald wehte ein bitterer Wind zur offenen Tür herein und ließ sie frösteln, und sie schauderte und sagte zu ihm: »Willst du nicht die Türe schließen? Ein bitterer Wind weht ins Haus, und mich friert.«

»In ein Haus, wo ein hartes Herz ist, weht da nicht immer ein bitterer Wind?«, fragte er. Und die Frau erwiderte nichts, sondern rückte näher ans Feuer.

Und nach einer Weile wandte sie sich um und sah ihn an, und ihre Augen standen voller Tränen. Und er kam geschwind herein und legte das Kind in ihre Arme, und sie küsste es und legte es in ein kleines Bettchen, wo schon das jüngste ihrer eigenen Kinder lag. Und am Morgen nahm der Holzfäller den seltsamen Mantel aus Gold und legte ihn in eine große Truhe, und seine Frau nahm eine Bernsteinkette, die um den Hals des Kindes geschlungen war, und legte auch diese in die Truhe.

So wuchs das Sternenkind mit den Kindern des Holzfällers auf und saß mit ihnen am selben Tisch und war ihr Spielgefährte. Und mit jedem Jahr war der Knabe schöner anzusehen, sodass alle, die im Dorf wohnten, sich erstaunten, denn während sie braunhäutig und schwarzhaarig waren, war er weiß und zart wie geschnitztes Elfenbein, und seine Locken waren wie die Kelche der Osterglocke. Seine Lippen waren wie die Blütenblätter einer roten Blume, seine Augen wie Veilchen an einem Fluss von klarem Wasser und sein Leib wie die Narzisse auf einer Wiese, dahin der Schnitter nicht kommt.

Und doch bewirkte seine Schönheit Böses. Denn er wurde hochmütig und grausam und selbstsüchtig. Die Kinder des Holzfällers und die anderen Kinder des Dorfes verachtete er und sagte, sie seien geringer Abkunft, wohingegen er vornehm sei, einem Stern entsprungen, und er schwang sich zum Herrn über sie auf und nannte sie seine Knechte. Kein Mitleid hatte er mit den Armen oder mit denen, die blind waren oder verkrüppelt oder sonstwie mit Gebrechen behaftet, sondern bewarf sie mit Steinen und jagte sie hinaus auf die Landstraße und befahl ihnen, sich anderswo ihr Brot zu erbetteln, sodass außer den Vogelfreien keiner ein zweites Mal in das Dorf kam, um Almosen zu erbitten. Tatsächlich war er wie einer, der in die Schönheit vernarrt ist, verhöhnte die Schwächlichen und die Ungestalten und trieb seinen Spott mit ihnen; nur sich selbst liebte er, und im Sommer, wenn die Winde stillhielten, lag er oft am Brunnen in des Priesters Obstgarten und blickte hinab auf das Wunder seines eigenes Angesichts und lachte vor Vergnügen über seine Schönheit.

Oft schalten ihn der Holzfäller und sein Weib und sagten: »Wir haben an dir nicht so gehandelt, wie du an jenen handelst, die einsam und verlassen sind und niemanden haben, der ihnen beisteht. Warum bist du so grausam zu allen, die des Mitleids bedürfen?«

Oft sandte der alte Priester nach ihm, suchte ihn die Liebe zu allen lebenden Dingen zu lehren und sprach zu ihm: »Die Fliege ist deine Schwester. Tue ihr nichts zuleide. Die wilden Vögel, die durch den Wald streifen, haben ihre Freiheit. Stelle ihnen nicht mit Schlingen nach zu deinem Vergnügen. Gott schuf die Blindschleiche und den Maulwurf, und ein jedes hat seinen Platz. Wer bist du, dass du den Schmerz in Gottes Welt trägst? Selbst das Vieh auf dem Felde rühmt Ihn.«

Aber das Sternenkind achtete seiner Worte nicht, sondern runzelte die Stirn und verzog den Mund und ging zurück zu seinen Gefährten und führte sie an. Und seine Gefährten folgten ihm, denn er war schön und schnellfüßig und konnte tanzen und pfeifen und Musik machen. Und wohin das Sternenkind sie auch führte, sie folgten ihm, und was immer das Sternenkind sie tun hieß, das taten sie.

Und als er mit einem spitzen Rohr die trüben Augen des Maulwurfs durchbohrte, da lachten sie, und als er den Aussätzigen mit Steinen bewarf, da lachten sie ebenfalls. Und in allen Dingen herrschte er über sie, und sie wurden hartherzig genau wie er.

Nun zog eines Tages ein armes Bettelweib durch das Dorf. Ihre Kleider waren zerschlissen und zerlumpt, und ihre Füße bluteten von der steinigen Straße, auf der sie gewandert war, und sie war in sehr großer Not. Und da sie müde war, setzte sie sich unter einen Kastanienbaum, um sich auszuruhen.

Aber als das Sternenkind sie sah, sagte es zu seinen Gefährten: »Seht! Dort unter dem schönen, grünbelaubten Baum sitzt ein garstiges Bettelweib. Kommt, wir wollen sie verjagen, denn sie ist hässlich und ungestalt.«

Also näherte er sich ihr und bewarf sie mit Steinen und verhöhnte sie, und mit Entsetzen in den Augen sah sie ihn an und wandte ihren Blick nicht von ihm. Und als der Holzfäller, der in einem Schuppen nebenan Scheite spaltete, sah, was das Sternenkind tat, lief er herbei und tadelte es und sagte zu ihm: »Wahrhaftig, du bist hart von Herzen und kennst kein Erbarmen, denn was hat das arme Weib dir Böses getan, dass du auf diese Weise an ihr handeln solltest?«

Und das Sternenkind wurde rot vor Zorn und stampfte mit dem Fuß auf den Erdboden und sagte: »Wer bist du, dass du mich zur Rede stellst? Ich bin dein Sohn nicht, dass ich tun müsste nach deinem Geheiß.«

»Du sprichst wahr«, antwortete der Holzfäller, »und doch habe ich dir Mitleid bewiesen, als ich dich im Wald fand.«

Und als das Weib diese Worte vernahm, stieß sie einen lauten Schrei aus und sank in Ohnmacht. Und der Holzfäller trug sie in sein Haus, und seine Frau nahm sich ihrer an, und als sie aus der Ohnmacht erwachte, in die sie gesunken war, setzten sie ihr Speis und Trank vor und baten sie, sich daran gütlich zu tun.

Aber sie wollte weder essen noch trinken, sondern fragte den Holzfäller: »Sagtest du nicht, das Kind sei im Wald gefunden worden? Und war das nicht heute vor zehn Jahren?«

Und der Holzfäller antwortete: »Ja, im Wald habe ich es gefunden, und es war heute vor zehn Jahren.«

»Und welche Zeichen hast du an ihm gefunden?«, rief sie. »Trug es nicht eine Bernsteinkette um den Hals? War es nicht von einem Mantel aus Goldgespinst umhüllt, das mit Sternen durchwirkt war?«

»Wahrhaftig«, antwortete der Holzfäller, »es war genau so, wie du sagst.« Und er nahm den Mantel und die Bernsteinkette aus der Truhe, in der sie lagen, und zeigte sie ihr.

Und als sie sie sah, weinte sie vor Freude und sagte: »Er ist mein kleiner Sohn, den ich im Wald verloren habe. Ich bitte dich, lass ihn rasch kommen, denn auf der Suche nach ihm bin ich durch die ganze Welt geirrt.«

Da gingen der Holzfäller und seine Frau hinaus und riefen nach dem Sternenkind und sagten zu ihm: »Gehe ins Haus, und dort wirst du deine Mutter finden, die auf dich wartet.«

Da rannte er hinein, von Staunen und großer Freude erfüllt. Doch als er sie sah, die dort wartete, lachte er verächtlich und sagte: »Wo ist meine Mutter? Denn ich sehe niemanden hier als dieses abstoßende Bettelweib.«

Und die Frau antwortete ihm: »Ich bin deine Mutter.«

»Du bist von Sinnen, so zu reden«, rief das Sternenkind böse. »Ich bin dein Sohn nicht, denn du bist eine Bettlerin und hässlich und in Lumpen. Darum scher dich fort und lass mich nicht länger dein garstiges Gesicht sehen.«

»Nein, du bist wirklich mein kleiner Sohn, den ich im Wald gebar«, rief sie, und sie fiel auf die Knie und streckte ihm ihre Arme entgegen. »Die Räuber haben dich mir entrissen und dich dem Tod überlassen«, murmelte sie, »aber ich erkannte dich, als ich dich sah, und auch die Zeichen habe ich erkannt, den Mantel aus Goldgespinst und die Bernsteinkette. Darum bitte ich dich, komm mit mir, denn in der ganzen Welt bin ich umhergeirrt auf der Suche nach dir. Komm mit mir, mein Sohn, denn ich bedarf deiner Liebe.«

Aber das Sternenkind rührte sich nicht vom Fleck, sondern verschloss die Pforten seines Herzens gegen sie, und es war kein Laut zu hören, nur die Frau, die vor Schmerz weinte.

Und zuletzt sprach er zu ihr, und seine Stimme klang hart und bitter. »Wenn du wahrhaftig meine Mutter bist«, sagte er, »so wäre es besser gewesen, du wärst fortgeblieben und nicht hierhergekommen, um Schande über mich zu bringen, da ich doch glaubte, das Kind eines Sternes zu sein und nicht einer Bettlerin Kind, wie du mir sagst, dass ich es bin. Darum scher dich fort und tritt mir nie wieder unter die Augen.«

»Ach! mein Sohn«, rief sie, »willst du mich nicht küssen, bevor ich gehe? Denn ich habe viel gelitten, um dich zu finden.«

»Nein«, sagte das Sternenkind, »du bist allzu garstig anzusehen, und lieber würde ich die Natter küssen oder die Kröte als dich.«

Da erhob sich das Weib und ging bitterlich weinend fort in den Wald, und als das Sternenkind sah, dass sie fort war, war es froh und rannte zurück zu seinen Spielgefährten, um mit ihnen zu spielen.

Aber als sie ihn kommen sahen, verhöhnten sie ihn und sagten: »Du bist so garstig wie die Kröte und so scheußlich wie die Natter. Scher dich fort, denn wir leiden es nicht, dass du mit uns spielst«, und sie jagten ihn hinaus aus dem Garten.

Und das Sternenkind runzelte die Stirn und sagte bei sich: »Was reden sie da? Ich will zum Brunnen gehen und hineinschauen, und er wird mir von meiner Schönheit erzählen.«

Also ging er zum Brunnen und schaute hinein, und siehe!, sein Gesicht war wie das Gesicht einer Kröte, und sein Leib war geschuppt wie eine Natter. Und er warf sich ins Gras und weinte und sagte bei sich: »Dies ist bestimmt meiner Sünde wegen über mich gekommen. Denn ich habe meine Mutter verleugnet und sie verjagt und war hochmütig und grausam zu ihr. Darum muss ich gehen und sie in der ganzen Welt suchen und darf nicht eher rasten, als bis ich sie gefunden habe.«

Und da kam die kleine Tochter des Holzfällers zu ihm, und sie legte ihm ihre Hand auf die Schulter und sagte: »Was tut es schon, dass du deine Anmut eingebüßt hast? Bleibe bei uns, und ich werde dich nicht verhöhnen.«

Und er sagte zu ihr: »Nein, ich bin grausam zu meiner Mutter gewesen, und zur Strafe ist mir dieses Übel gesandt worden. Darum muss ich fortgehen und durch die Welt irren, bis ich sie finde und sie mir Vergebung gewährt.«

Also lief er fort in den Wald und rief nach seiner Mutter, dass sie zu ihm komme, aber es gab keine Antwort. Den ganzen Tag rief er nach ihr, und als die Sonne unterging, legte er sich zum Schlafen auf ein Bett aus Blättern, und die Vögel und die Tiere flohen ihn, denn sie entsannen sich seiner Grausamkeit, und er war allein bis auf die Kröte, die ihn beobachtete, und die träge Natter, die vorüberschlich.

Und am Morgen erhob er sich und pflückte ein paar bittere Beeren von den Bäumen und aß sie und nahm seinen Weg durch den tiefen Wald und weinte bitterlich. Und jeden, dem er begegnete, fragte er, ob er nicht vielleicht seine Mutter gesehen habe.

Den Maulwurf fragte er: »Du kannst unter die Erde kriechen. Sage mir, ist meine Mutter dort?«

Und der Maulwurf antwortete: »Du hast meine Augen geblendet. Wie sollte ich das wissen?«

Den Hänfling fragte er: »Du kannst über die Wipfel der hohen Bäume fliegen und die ganze Welt sehen. Sage mir, kannst du meine Mutter sehen?«

Und der Hänfling antwortete: »Du hast mir die Flügel gestutzt zu deinem Vergnügen. Wie sollte ich fliegen?«

Und das kleine Eichkätzchen, das in der Tanne wohnte und einsam war, fragte er: »Wo ist meine Mutter?«

Und das Eichkätzchen antwortete: »Meine hast du erschlagen. Willst du auch deine erschlagen?«

Und das Sternenkind weinte und senkte den Kopf und bat Gottes Geschöpfe um Vergebung und zog weiter durch den Wald und suchte das Bettelweib. Und am dritten Tag gelangte er zur anderen Seite des Waldes und stieg hinab in die Ebene.

Und als er durch die Dörfer kam, verhöhnten ihn die Kinder und bewarfen ihn mit Steinen, und die Ackerbauern litten es nicht, dass er in den Scheunen schlief, damit das gespeicherte Korn nicht vom Mehltau befallen würde, so garstig war er anzusehen, und ihre Tagelöhner verjagten ihn, und da war keiner, der Mitleid mit ihm hatte. Auch konnte er nirgendwo etwas über das Bettelweib erfahren, das seine Mutter war, obgleich er drei Jahre durch die Welt irrte und oft glaubte, sie vor sich auf der Landstraße zu sehen, und sie anrief und ihr nachsetzte, bis die spitzen Steine seine Füße bluten ließen. Aber einholen konnte er sie nicht, und jene, die am Wegesrand wohnten, leugneten stets, sie gesehen zu haben oder irgendeine wie sie, und spotteten seines Kummers.

Drei Jahre lang irrte er durch die Welt, und in der Welt gab es nicht Liebe noch Güte noch Milde für ihn, sondern es war genau die Welt, wie er sie sich erschaffen hatte in den Tagen seines großen Hochmuts.

Und eines Abends kam er zu dem Tor einer fest ummauerten Stadt, die an einem Flusse lag, und so müde und fußkrank er war, schickte er sich doch an, sie zu betreten. Aber die Soldaten, die Wache hielten, kreuzten ihre Hellebarden vor dem Eingang und fragten ihn barsch: »Was hast du in der Stadt zu suchen?«

»Ich suche meine Mutter«, antwortete er, »und ich bitte euch, mich durchzulassen, denn es mag sein, dass sie in dieser Stadt ist.«

Sie aber verhöhnten ihn, und einer von ihnen schüttelte

seinen schwarzen Bart, stieß seinen Schild auf den Boden und rief: »Wahrhaftig, deine Mutter wird sich nicht freuen, wenn sie dich sieht, denn du bist ungestalter als die Sumpfkröte oder die Natter, die im Moor schleicht. Scher dich fort. Scher dich fort. Deine Mutter wohnt nicht in dieser Stadt.«

Und ein anderer, der ein gelbes Banner in der Hand hielt, sagte zu ihm: »Wo ist deine Mutter, und warum suchst du sie?«

Und er antwortete: »Meine Mutter ist eine Bettlerin geradeso wie ich, und ich habe schlecht an ihr gehandelt, und ich bitte euch, mich durchzulassen, dass sie mir Vergebung gewährt, falls sie in dieser Stadt weilt.« Aber sie duldeten es nicht und stachen mit ihren Lanzen nach ihm.

Und als er sich weinend fortwandte, kam einer, dessen Harnisch mit vergoldeten Blumen eingelegt war und auf dessen Helm ein geflügelter Löwe saß, und erkundigte sich bei den Soldaten, wer es sei, der da Einlass begehrte. Und sie sagten zu ihm: »Er ist ein Bettler und das Kind einer Bettlerin, und wir haben ihn verjagt.«

»Nein«, rief er lachend, »wir wollen das garstige Geschöpf als Sklaven verkaufen, und sein Preis soll sein der Preis einer Schale süßen Weines.«

Und ein alter, übelgesichtiger Mann, der eben vorbeikam, rief sie an und sagte: »Zu diesem Preis will ich ihn kaufen«, und als er den Preis entrichtet hatte, nahm er das Sternenkind bei der Hand und führte es in die Stadt.

Und nachdem sie durch viele Straßen gegangen waren, kamen sie zu einer kleinen Pforte, die war in eine Mauer eingelassen, über der ein Granatapfelbaum wuchs. Und der alte Mann berührte die Pforte mit einem Ring aus geschnitztem Jaspis, und sie sprang auf, und sie stiegen fünf erzene Stufen hinab in einen Garten, der war mit schwarzem Klatschmohn und grünen Gefäßen aus gebranntem Ton angefüllt. Und daraufhin nahm der alte Mann aus seinem Turban ein Tuch aus gemusterter Seide hervor und verband dem Sternenkind die Augen damit und trieb es vor sich her. Und als ihm das Tuch von den Augen genommen wurde, fand sich das Sternenkind in einem Verlies wieder, das war von einer Laterne von Horn erhellt.

Und der alte Mann setzte ihm auf einem Brettchen etwas verschimmeltes Brot vor und sagte: »Iss«, und etwas brackiges Wasser in einem Becher und sagte: »Trink«, und als es gegessen und getrunken hatte, ging der alte Mann hinaus, sperrte die Tür hinter sich ab und verhängte sie mit einer eisernen Kette.

Und am Morgen kam der alte Mann zu ihm herein, der der listigste Zauberer Libyens war und seine Kunst bei einem erlernt hatte, der in den Gräbern am Nil hauste, warf ihm einen finsteren Blick zu und sagte: »In einem Wald nahe dem Tor dieser Stadt von Giauren liegen drei Goldstücke. Eines ist aus Weißgold, das zweite ist aus Gelbgold und das Gold des dritten ist rot. Heute sollst du mir das Stück Weißgold bringen, und bringst du es nicht, so will ich dir hundert Hiebe verabreichen. Mach dich fort, und bei Sonnenuntergang werde ich an der Gartenpforte auf dich warten. Sieh zu, dass du das Weißgold mitbringst, oder es wird dir übel ergehen, denn du bist mein Sklave, und ich habe dich gekauft zum Preis einer Schale süßen Weines.« Und mit dem Tuch aus gemusterter Seide verband er dem Sternenkind die Augen und führte es durch das Haus und durch den Garten mit Klatschmohn und die fünf erzenen Stufen hinauf. Und nachdem er mit seinem Ring die kleine Pforte aufgetan hatte, stieß er es auf die Straße.

Und das Sternenkind zog zum Stadttor hinaus und kam zu dem Wald, von dem der Zauberer ihm gesprochen hatte.

Nun war dieser Wald von außen sehr schön anzusehen und schien voller Singvögel und süß duftender Blumen, und das Sternenkind betrat ihn fröhlich. Doch seine Schönheit nützte ihm wenig, denn wo er auch hintrat, schossen scharfe Dornenhecken aus der Erde und umschlossen ihn, und böse Nesseln verbrannten ihn, und die Distel stach ihn mit ihren Dolchen, sodass er in arger Not war. Auch konnte er nirgends das Stück Weißgold finden, von dem der Zauberer ihm gesprochen hatte, obgleich er es suchte vom Morgen bis zum Mittag und vom Mittag bis zum Sonnenuntergang. Und bei Sonnenuntergang wandte er sein Gesicht heimwärts und weinte bitterlich, denn er wusste, welches Los ihm bevorstand.

Aber als er den Saum des Waldes erreicht hatte, hörte er aus dem Dickicht einen Schrei wie von einem, der Schmerzen leidet. Und er vergaß seinen eigenen Kummer und lief zurück zu der Stelle und sah dort einen kleinen Hasen, der saß in einer Falle, die ein Jäger ihm gestellt hatte.

Und das Sternenkind hatte Mitleid mit ihm und befreite ihn und sagte zu ihm: »Ich bin selbst nur ein Sklave, und doch kann ich dir die Freiheit schenken.«

Und der Hase antwortete ihm und sagte: »Gewiss, du hast mir die Freiheit geschenkt, und was soll ich dir dafür geben?«

Und das Sternenkind sagte zu ihm: »Ich suche ein Stück Weißgold, aber ich kann es nirgends finden, und wenn ich es meinem Herrn nicht bringe, wird er mich schlagen.«

»Komm mit mir«, sagte der Hase, »und ich will dich zu ihm führen, denn ich weiß, wo es versteckt ist und zu welchem Zweck.«

So ging das Sternenkind mit dem Hasen mit, und siehe!, in der Spalte eines großen Eichbaums gewahrte er das Stück Weißgold, das er suchte. Und er war voller Freude und ergriff es und sagte zu dem Hasen: »Den Dienst, den ich dir erwiesen habe, den hast du mir vielfach vergolten, und die Güte, die ich dir gezeigt habe, die hast du hundertfach zurückbezahlt.«

»Nein«, antwortete der Hase, »denn so wie du an mir gehandelt hast, so habe ich an dir gehandelt«, und er hoppelte flink davon, und das Sternenkind ging zur Stadt hin.

Nun saß am Stadttor einer, der war ein Aussätziger. Über seinem Gesicht hing eine Kapuze aus grauem Leintuch, und durch die Sehschlitze glühten seine Augen wie rote Kohlen. Und wie er das Sternenkind kommen sah, schlug er auf eine hölzerne Schale und bimmelte mit seiner Schelle und rief es an und sagte: »Gib mir ein Geldstück, oder ich muss des Hungers sterben. Denn man hat mich aus der Stadt verstoßen, und da ist keiner, der Mitleid mit mir hat.«

»Ach!«, rief das Sternenkind. »Ich habe nur ein Geldstück in meiner Katze, und wenn ich es meinem Herrn nicht bringe, wird er mich schlagen, denn ich bin sein Sklave.«

Aber der Aussätzige flehte es an und bettelte so lange, bis das Sternenkind Erbarmen hatte und ihm das Stück Weißgold gab.

Und als er zu des Zauberers Haus kam, machte der Zauberer ihm auf und ließ ihn ein und sagte zu ihm: »Hast du das Stück Weißgold?« Und das Sternenkind antwortete: »Ich habe es nicht.« Da fiel der Zauberer über ihn her und schlug ihn und setzte ihm ein leeres Brettchen vor und sagte: »Iss«, und einen leeren Becher und sagte: »Trink«, und warf ihn wieder in das Verlies.

Und am Morgen kam der Zauberer zu ihm und sagte: »Wenn du mir heute nicht das Stück Gelbgold bringst, so will ich dich gewisslich als meinen Sklaven behalten und dir dreihundert Hiebe verabreichen.«

So ging das Sternenkind in den Wald, und den ganzen Tag suchte er nach dem Stück Gelbgold, konnte es aber nirgends finden. Und bei Sonnenuntergang setzte er sich nieder und begann zu weinen, und wie er so weinte, da kam zu ihm der kleine Hase, den er aus der Falle befreit hatte.

Und der Hase sprach zu ihm: »Warum weinst du? Und was suchst du im Wald?«

Und das Sternenkind antwortete: »Ich suche ein Stück Gelbgold, das hier versteckt ist, und wenn ich es nicht finde, so wird mein Herr mich schlagen und mich als Sklaven behalten.«

»Folge mir«, rief der Hase, und er hoppelte durch den Wald, bis er an einen Wassertümpel kam. Und auf dem Grunde des Tümpels lag das Stück Gelbgold.

»Wie soll ich dir danken?«, fragte das Sternenkind. »Denn siehe!, dies ist das zweite Mal, dass du mir beigestanden hast.«

»Nein, du hattest zuerst Mitleid mit mir«, sagte der Hase und hoppelte flink davon.

Und das Sternenkind nahm das Stück Gelbgold und steckte es in seine Katze und eilte zur Stadt. Doch der Aussätzige sah ihn kommen und lief ihm entgegen und kniete hin und rief: »Gib mir ein Geldstück, oder ich werde des Hungers sterben.«

Und das Sternenkind sagte zu ihm: »Ich habe in meiner Katze nur ein Stück Gelbgold, und wenn ich es meinem Herrn nicht bringe, wird er mich schlagen und mich als seinen Sklaven behalten.«

Aber der Aussätzige flehte ihn inbrünstig an, sodass das Sternenkind Mitleid mit ihm hatte und ihm das Stück Gelbgold gab.

Und als er zu des Zauberers Haus kam, machte der Zauberer ihm auf und ließ ihn ein und sagte zu ihm: »Hast du das Stück Gelbgold?« Und das Sternenkind sagte zu ihm: »Ich habe es nicht.« Da fiel der Zauberer über ihn her und schlug ihn und beschwerte ihn mit Ketten und warf ihn wieder in das Verlies.

Und am Morgen kam der Zauberer zu ihm und sagte: »Wenn du mir heute das Stück Rotgold bringst, will ich dich freilassen, bringst du es aber nicht, so will ich dich gewisslich erschlagen.«

So ging das Sternenkind in den Wald, und den ganzen Tag suchte er nach dem Stück Rotgold, konnte es aber nirgends finden. Und am Abend setzte er sich nieder und weinte, und wie er so weinte, da kam zu ihm der kleine Hase.

Und der Hase sprach zu ihm: »Das Stück Rotgold, das du suchst, ist in der Höhle, die hinter dir liegt. Darum weine nicht mehr, sondern sei guten Muts.«

»Wie soll ich dich belohnen?«, rief das Sternenkind. »Denn siehe!, dies ist das dritte Mal, dass du mir beigestanden hast.«

»Nein, du hattest zuerst Mitleid mit mir«, sagte der Hase und hoppelte flink davon.

Und das Sternenkind betrat die Höhle, und im entferntesten Winkel fand es das Stück Rotgold. Da steckte er es in seine Katze und eilte zur Stadt. Und der Aussätzige sah ihn kommen, stellte sich mitten auf die Straße und rief ihn an und sagte zu ihm: »Gib mir das rote Geldstück, oder ich muss sterben«, und wieder hatte das Sternenkind Mitleid mit ihm und gab ihm das Stück Rotgold und sagte: »Deine Not ist größer als meine.« Doch sein Herz war schwer, denn er wusste, welch böses Los ihn erwartete.

Aber siehe!, als er durchs Stadttor schritt, verneigten sich die Wachen, huldigten ihm und sagten: »Wie schön ist unser Gebieter!«, und eine Menge von Bürgern folgte ihm und rief aus: »Wahrhaftig, auf der ganzen Welt ist keiner so schön!«, sodass das Sternenkind weinte und bei sich sagte: »Sie verhöhnen mich und spotten meines Elends.« Und so groß war der Menschenauflauf, dass er von seinem Weg abkam und sich zuletzt auf einem großen Platz wiederfand, auf dem stand der Palast eines Königs.

Und das Tor des Palastes sprang auf, und die Priester und die hohen Beamten der Stadt eilten ihm entgegen, und sie demütigten sich vor ihm und sagten: »Ihr seid unser Gebieter, auf den wir gewartet haben, und der Sohn unseres Königs.«

Und das Sternenkind antwortete ihnen und sagte: »Ich bin keines Königs Sohn, sondern das Kind eines armen Bettelweibes. Und wie könnt ihr sagen, ich sei schön, da ich doch weiß, dass ich widerwärtig anzusehen bin?«

Da hob der, dessen Harnisch mit vergoldeten Blumen eingelegt war und auf dessen Helm ein geflügelter Löwe saß, seinen Schild in die Höhe und rief: »Wie kann mein Gebieter sagen, er sei nicht schön?«

Und das Sternenkind schaute hinein, und siehe!, sein Angesicht war genau so, wie es gewesen war, und seine Anmut war ihm wiedergeschenkt, und er sah etwas in seinen Augen, das er zuvor nicht gesehen hatte.

Und die Priester und die hohen Beamten knieten nieder und sagten zu ihm: »Von alters her ist geweissagt, dass am heutigen Tage kommen wird der, welcher über uns herrschen soll. Darum lasst unseren Gebieter diese Krone und dieses Zepter nehmen, und in seiner Gerechtigkeit und Gnade sei er König über uns.«

Er aber sagte zu ihnen: »Ich bin nicht würdig, denn ich habe die Mutter verleugnet, die mich gebar, und darf nicht eher ruhen, als bis ich sie gefunden und ihre Vergebung erlangt habe. Darum lasst mich ziehen, denn ich muss erneut durch die Welt irren und darf hier nicht verweilen, möget ihr mir auch Krone und Zepter bieten.« Und während er sprach, wandte er sein Gesicht von ihnen ab und zur Straße hin, die zum Stadttor führte, und siehe!, in der Menge, die die Soldaten umdrängte, erblickte er das Bettelweib, das seine Mutter war, und an ihrer Seite stand der Aussätzige, der an der Straße gesessen hatte.

Und ein Freudenschrei löste sich von seinen Lippen, und er lief hin, kniete nieder und küsste die Wunden an den Füßen seiner Mutter und benetzte sie mit seinen Tränen. Er neigte seinen Kopf in den Staub und schluchzte wie einer, dem das Herz bricht, und sagte zu ihr: »Mutter, ich habe dich verleugnet in der Stunde meines Stolzes. Nimm mich an in der Stunde meiner Demut. Mutter, ich schenkte dir Hass. Schenke du mir Liebe. Mutter, ich verstieß dich. Nimm du dein Kind jetzt an.« Aber das Bettelweib antwortete ihm mit keinem Wort.

Und er streckte seine Hände aus und umfasste die Füße des Aussätzigen und sagte zu ihm: »Dreimal schenkte ich dir Erbarmen. Bitte meine Mutter, dass sie einmal zu mir spricht.« Aber der Aussätzige antwortete ihm mit keinem Wort.

Und er schluchzte abermals und sagte: »Mutter, mein Leid ist schwerer, als ich ertragen kann. Gewähre mir deine Vergebung und lass mich wieder in den Wald gehen.« Und das Bettelweib legte ihm ihre Hand auf den Kopf und sprach zu ihm: »Steh auf«, und der Aussätzige legte ihm seine Hand auf den Kopf und sprach ebenfalls zu ihm: »Steh auf.«

Und er stand auf und blickte sie an, und siehe!, sie waren ein König und eine Königin.

Und die Königin sagte zu ihm: »Dies ist dein Vater, dem du beigestanden hast.«

Und der König sagte: »Dies ist deine Mutter, der du die Füße gewaschen hast mit deinen Tränen.«

Und sie fielen ihm um den Hals und küssten ihn und brachten ihn in den Palast und kleideten ihn in schöne Gewänder und setzten ihm die Krone aufs Haupt und drückten ihm das Zepter in die Hand, und er herrschte über die Stadt, die an dem Flusse stand, und war ihr Gebieter. Allen erwies er große Gerechtigkeit und Gnade, und den bösen Zauberer verbannte er, und dem Holzfäller und seinem Weib sandte er viele reiche Geschenke, und ihren Kindern erwies er hohe Ehre. Auch duldete er nicht, dass auch nur einer grausam war gegen Gevögel oder Getier, sondern lehrte sie Liebe und Güte und Milde, und den Armen gab er Brot, und den Nackten gab er Kleidung, und es herrschten Friede und Wohlstand im Land.

Doch er regierte nicht lange, so groß war sein Leid gewesen und seine Feuerprobe so hart, denn nach drei Jahren starb er. Und er, der nach ihm kam, regierte gottlos.

Der Glückliche Prinz

Hoch über der Stadt, auf einer schlanken Säule, stand die Statue des Glücklichen Prinzen. Er war über und über mit dünnem, feinem Blattgold bedeckt, zu Augen hatte er zwei strahlende Saphire, und an seinem Schwertgriff funkelte ein großer roter Rubin.

Er wurde wirklich sehr bewundert. »Er ist so schön wie ein Wetterhahn«, bemerkte einer der Ratsherren, der sich gern in dem Ruf gefiel, Kunstgeschmack zu besitzen; »nur nicht ganz so nützlich«, fügte er hinzu, aus Furcht, die Leute könnten ihn für unpraktisch halten, was er keineswegs war.

»Warum kannst du nicht sein wie der Glückliche Prinz?«, fragte eine verständige Mutter ihren kleinen Jungen, der sich die Augen nach dem Mond ausweinte. »Dem Glücklichen Prinzen fiele es nicht im Traum ein, um etwas zu weinen.«

»Ich bin froh, dass es wenigstens einen auf der Welt gibt, der vollkommen glücklich ist«, murrte ein Enttäuschter, als er das herrliche Standbild betrachtete.

»Er sieht aus wie ein Engel«, sagten die Waisenkinder, als sie in ihren hellen scharlachroten Umhängen und reinlichen weißen Kittelschürzen aus der Kathedrale kamen.

»Woher wisst ihr das?«, fragte der Mathematiklehrer. »Ihr habt doch noch nie einen gesehen.«

»O doch! haben wir wohl, in unseren Träumen«, erwiderten die Kinder; und der Mathematiklehrer runzelte die Stirn und zog eine strenge Miene, denn er billigte es nicht, wenn Kinder träumten.

Eines Nachts flog ein kleiner Schwalberich über die Stadt. Seine Freunde waren sechs Wochen zuvor nach Ägypten gereist, er aber war zurückgeblieben, denn er hatte sich in das allerschönste Schilfrohr verliebt. Er war der Schönen zu Beginn des Frühlings begegnet, als er am Fluss einem großen gelben Falter nachjagte, und ihre zarte Taille hatte ihn so betört, dass er innehielt, um mit ihr zu plaudern.

»Soll ich dich lieben?«, fragte der Schwalberich, der gern gleich zur Sache kam, und das Schilfrohr neigte sich tief vor ihm. So umkreiste er die Schöne, streifte das Wasser mit seinen Schwingen und schlug kleine silberne Wellen. Dies war seine Brautwerbung, und sie dauerte den ganzen Sommer lang.

»Das ist eine lächerliche Verbindung«, zwitscherten die anderen Schwalben; »sie hat kein Geld und viel zu viel Verwandtschaft.« Und tatsächlich war der Fluss voller Schilfrohr. Dann, als der Herbst kam, flogen sie alle davon.

Als sie fort waren, wurde ihm einsam, und er begann, seiner Herzensdame überdrüssig zu werden. »Sie versteht nichts von Konversation«, sagte er, »und ich fürchte, sie ist eine Kokette, denn sie flirtet immerzu mit dem Wind.« Und wirklich, sooft der Wind wehte, machte das Schilfrohr die zierlichsten Knickse. »Ich gebe zu, sie ist häuslich«, fuhr er fort, »ich aber liebe es, zu reisen, und folglich sollte auch meine Frau es lieben.«

»Willst du mit mir kommen?«, fragte er sie schließlich, aber das Schilfrohr schüttelte den Kopf, so fest war sie ihrer Heimat verbunden.

»Du hast dein Spiel mit mir getrieben«, rief er. »Ich mache mich auf zu den Pyramiden. Lebe wohl!«, und er flog davon.

Er flog den ganzen Tag, und zur Nachtzeit erreichte er die Stadt. »Wo soll ich absteigen?«, fragte er. »Hoffentlich hat die Stadt Vorkehrungen getroffen.«

Da erblickte er das Standbild auf der schlanken Säule.

»Hier will ich absteigen«, rief er, »das ist ein hübsches Plätzchen mit reichlich frischer Luft.« Also ließ er sich genau zwischen den Füßen des Glücklichen Prinzen nieder.

»Ich habe ein goldenes Schlafgemach«, sagte er leise bei sich, als er sich umsah, und traf Anstalten, sich schlafen zu legen; doch als er eben den Kopf unter den Flügel stecken wollte, fiel ein großer Tropfen Wasser auf ihn herab. »Wie sonderbar!«, rief er. »Es steht nicht eine Wolke am Himmel, die Sterne prangen hell und klar, und doch regnet es. Das Klima in Nordeuropa ist wirklich schauderhaft. Das Schilfrohr liebte den Regen, aber das geschah nur aus Selbstsucht.«

Da fiel ein zweiter Tropfen.

»Wozu soll ein Standbild gut sein, wenn es keinen Regen abhalten kann?«, fragte er sich. »Ich muss mich nach einem geeigneten Schornsteinaufsatz umtun«, und er beschloss weiterzufliegen.

Aber noch ehe er seine Flügel ausgebreitet hatte, fiel ein dritter Tropfen, und er blickte empor und sah – ah! was sah er da?

Die Augen des Glücklichen Prinzen standen voller Tränen, und Tränen rannen ihm über die goldenen Wangen. Sein Antlitz glänzte so schön im Mondenlicht, dass der kleine Schwalberich ganz von Mitleid erfüllt wurde.

»Wer seid Ihr?«, fragte er.

»Ich bin der Glückliche Prinz.«

»Warum weint Ihr dann?«, fragte der Schwalberich. »Ihr habt mich ganz durchnässt.«

»Als ich noch lebte und ein Menschenherz besaß«, antwortete die Statue, »wusste ich nicht, was Tränen sind, denn ich wohnte im Schloss Sans-Souci, wo der Kummer keinen Zutritt hat. Am Tage spielte ich mit meinen Gefährten im Garten, und des Abends führte ich im Großen Saal den Tanz an. Rings um den Garten lief eine sehr hohe Mauer, aber ich hatte keine Lust zu fragen, was wohl dahinter lag, so schön war alles um mich her. Meine Höflinge nannten mich den Glücklichen Prinzen, und wahrhaftig, ich war glücklich, wenn denn Vergnügen Glück bedeutet. So lebte ich, und so starb ich. Und nun, da ich tot bin, hat man mich hier aufgestellt, so hoch, dass ich alle Hässlichkeit und alles Elend meiner Stadt sehen kann, und ist auch mein Herz aus Blei, so kann ich doch nicht umhin zu weinen.«

»Was! er ist gar nicht aus gediegenem Gold?«, sagte der Schwalberich bei sich. Er war zu höflich, um persönliche Bemerkungen laut auszusprechen.

»Weit weg von hier«, fuhr das Standbild mit leiser, melodischer Stimme fort, »weit weg von hier, in einer kleinen Straße, steht ein ärmliches Haus. Eines der Fenster ist offen, und durch das Fenster kann ich eine Frau an einem Tisch sitzen sehen. Ihr Gesicht ist schmal und verhärmt, und sie hat grobe, rote Hände, ganz von Nadeln zerstochen, denn sie ist Näherin. Gerade stickt sie Passionsblumen auf ein Satinkleid, das die schönste unter den Ehrendamen der Königin beim nächsten Hofball tragen will. In einem Winkel der Kammer liegt ihr kleiner Junge krank zu Bett. Er fiebert und verlangt nach Orangen. Seine Mutter hat nichts, was sie ihm geben könnte, als Wasser vom Fluss, und darum weint er. Schwalbe, Schwalbe, kleine Schwalbe, willst du ihr nicht den Rubin aus meinem Schwertgriff bringen? Meine Füße sind am Sockel befestigt, und ich kann mich nicht rühren.«

»Man erwartet mich in Ägypten«, sagte der Schwalberich. »Meine Freunde fliegen den Nil auf und nieder und plaudern mit den großen Lotusblüten. Bald werden sie sich im Grabmal des großen Königs schlafen legen. Dort ruht der König selbst in seinem bemalten Sarg. Er ist in gelbes Linnen gehüllt und einbalsamiert mit duftenden Salben. Um den Hals trägt er eine Kette aus blassgrüner Jade, und seine Hände sind wie welkes Laub.«

»Schwalbe, Schwalbe, kleine Schwalbe«, sagte der Prinz, »willst du nicht eine Nacht lang bei mir bleiben und mein Bote sein? Der Junge ist so durstig und die Mutter so betrübt.«

»Ich glaube, ich mag keine Knaben«, antwortete der Schwalberich. »Letzten Sommer, als ich mich am Fluss aufhielt, waren da zwei ungezogene Burschen, die Söhne des Müllers, die bewarfen mich dauernd mit Steinen. Getroffen haben sie mich natürlich nie; dafür fliegen wir Schwalben zu flink, außerdem entstamme ich einer Familie, die berühmt ist für ihre Wendigkeit; aber dennoch, es war ein Zeichen von Geringschätzung.«

Doch der Glückliche Prinz blickte so traurig drein, dass er den kleinen Schwalberich dauerte. »Es ist sehr kalt hier«, sagte er, »aber ich will eine Nacht lang bei Euch bleiben und Euer Bote sein.«

»Ich danke dir, kleine Schwalbe«, sagte der Prinz.

Also pickte der Schwalberich den großen Rubin aus des Prinzen Schwert, hielt ihn im Schnabel und flog davon über die Dächer der Stadt.

Er kam am Turm der Kathedrale vorbei, wo die aus weißem Marmor gemeißelten Engel standen. Er kam am Schloss vorbei und hörte die Klänge der Tanzmusik. Ein schönes Mädchen trat mit seinem Geliebten auf den Balkon heraus. »Wie wunderherrlich sind die Sterne«, sagte er zu ihr, »und wie wunderherrlich ist die Macht der Liebe!«

»Hoffentlich wird mein Kleid rechtzeitig für den Staatsball fertig«, entgegnete sie, »ich habe Auftrag erteilt, es mit Passionsblumen zu besticken; aber die Näherinnen sind so faul.«

Er flog über den Fluss und sah die Laternen, die an den Schiffsmasten hingen. Er flog über das Ghetto und sah die alten Juden miteinander schachern und Geld abwiegen in kupfernen Schalen. Schließlich gelangte er zu dem ärmlichen Haus und schaute hinein. Der Junge wälzte sich fiebrig auf seinem Bett, und die Mutter war eingeschlafen, sie war so erschöpft. Er hüpfte hinein und legte den großen Rubin neben den Fingerhut der Frau auf den Tisch. Dann umflog er sachte das Bett und fächelte die Stirn des Jungen mit seinen Schwingen. »Wie kühl mir wird!«, sagte der Junge, »ich muss wohl genesen«; und er sank in einen köstlichen Schlummer.

Darauf flog der Schwalberich zurück zu dem Glücklichen Prinzen und erzählte ihm, was er getan hatte. »Es ist sonderbar«, bemerkte er, »aber jetzt ist mir ganz warm, obschon es so kalt ist.«

»Das kommt daher, dass du eine gute Tat getan hast«, sagte der Prinz. Und der kleine Schwalberich fing an nachzudenken, und darüber schlief er ein. Nachdenken machte ihn immer schläfrig.

Als der Tag anbrach, flog er zum Fluss hinab und nahm

ein Bad. »Welch ein bemerkenswertes Phänomen!«, sagte der Professor der Ornithologie, der eben über die Brücke ging. »Eine Schwalbe im Winter!« Und er schrieb einen ausführlichen Brief an das Lokalblatt. Jeder zitierte daraus, so viele Wörter enthielt er, die niemand verstand.

»Heute Abend reise ich nach Ägypten«, sagte der Schwalberich, und bei dieser Aussicht wurde er ganz übermütig. Er besuchte alle öffentlichen Denkmäler und saß lange auf der Spitze des Kirchturms. Wo er auch hinflog, pfiffen die Spatzen und sagten einander: »Welch vornehmer Fremder!«, und daran fand er großes Gefallen.

Als der Mond aufging, flog er zurück zu dem Glücklichen Prinzen. »Habt Ihr irgendwelche Aufträge für Ägypten?«, rief er. »Ich breche gleich auf.«

»Schwalbe, Schwalbe, kleine Schwalbe«, sagte der Prinz, »willst du nicht noch eine Nacht lang bei mir bleiben?«

»Man erwartet mich in Ägypten«, antwortete der Schwalberich. »Morgen fliegen meine Freunde zum Zweiten Katarakt hinauf. Dort, zwischen den Binsen, suhlt sich das Flusspferd, und auf einem großen Granithaus thront der Gott Memnon. Die ganze Nacht hindurch schaut er nach den Sternen, und wenn der Morgenstern leuchtet, stößt er einen Jubelschrei aus, und dann verstummt er wieder. Um Mittag kommen die gelben Löwen an den Saum des Wassers, um zu trinken. Sie haben Augen wie grüne Berylle, und ihr Gebrüll ist lauter als das Gebrüll des Katarakts.«

»Schwalbe, Schwalbe, kleine Schwalbe«, sagte der Prinz, »weit weg von hier, am Ende der Stadt, sehe ich einen jungen Mann in einer Mansarde. Er beugt sich über ein mit Papieren bedecktes Pult, und neben ihm in einem Wasserglas steht ein Bund welker Veilchen. Sein Haar ist braun und gelockt, seine Lippen sind rot wie ein Granatapfel, und er hat große, verträumte Augen. Gerade versucht er, ein Stück für den Schauspieldirektor zu vollenden, aber ihm ist zu kalt, als dass er weiterschreiben könnte. Das Feuer im Kamin ist erloschen, und vor Hunger ist ihm ganz schwach.«

»Ich will noch eine Nacht lang bei Euch warten«, sagte der Schwalberich, der wirklich ein gutes Herz hatte. »Soll ich ihm auch einen Rubin bringen?«

»O weh! ich habe keinen Rubin mehr«, sagte der Prinz, »meine Augen sind alles, was mir geblieben ist. Sie sind aus seltenen Saphiren gemacht, die man vor tausend Jahren aus Indien hergebracht hat. Reiß eines davon aus und bringe es ihm. Er wird es dem Juwelier verkaufen, Brennholz beschaffen und sein Stück vollenden.«

»Lieber Prinz«, sagte der Schwalberich, »das kann ich nicht tun«; und er begann zu weinen.

»Schwalbe, Schwalbe, kleine Schwalbe«, sagte der Prinz, »tu, wie ich dich heiße.«

Also riss der Schwalberich des Prinzen Auge aus und flog zur Mansarde des Studenten. Es war nicht schwer, hineinzugelangen, denn das Dach hatte ein Loch. Da schoss er hindurch und gelangte in die Kammer. Der junge Mann hatte den Kopf in den Händen vergraben, so hörte er das Flattern der Vogelschwingen nicht, und als er aufblickte, sah er den schönen Saphir auf den welken Veilchen liegen.

»Man beginnt, mich zu würdigen«, rief er, »dies muss von einem großen Bewunderer sein. Nun kann ich mein Stück vollenden«, und er sah ganz glücklich aus.

Tags darauf flog der Schwalberich zum Hafen hinab. Er setzte sich auf den Mast eines großen Schiffes und sah zu, wie die Matrosen an Seilen große Kisten aus dem Laderaum zogen. »Hau ruck!«, schrien sie bei jeder Kiste, die heraufkam. »Ich fliege nach Ägypten!«, rief der Schwalberich, doch niemand beachtete ihn, und als der Mond aufging, flog er zurück zu dem Glücklichen Prinzen.

»Ich bin gekommen, Euch Lebewohl zu sagen«, rief er.

»Schwalbe, Schwalbe, kleine Schwalbe«, sagte der Prinz, »willst du nicht noch eine Nacht lang bei mir bleiben?«

»Es ist Winter«, antwortete der Schwalberich, »und der kalte Schnee wird bald hier sein. In Ägypten scheint die Sonne warm auf die grünen Palmen, und die Krokodile liegen im Schlamm und blinzeln träge umher. Meine Gefährten bauen sich ein Nest im Tempel von Baalbek, und die rosa- und weißgefiederten Tauben schauen ihnen zu und umgurren einander. Lieber Prinz, ich muss Euch verlassen, aber ich werde Euch nie vergessen, und im nächsten Frühjahr bringe ich Euch zwei wunderschöne Edelsteine mit zum Ersatz für die, die Ihr verschenkt habt. Der Rubin soll röter sein als eine rote Rose und der Saphir so blau wie das weite Meer.«

»Unten auf dem Platz«, sagte der Glückliche Prinz, »steht ein kleines Mädchen mit Schwefelhölzern. Sie hat ihre Hölzer in den Rinnstein fallen lassen, und nun sind sie alle verdorben. Ihr Vater wird sie schlagen, wenn sie nicht etwas Geld nach Hause bringt, und darum weint sie. Sie hat weder Schuhe noch Strümpfe, und ihr Köpfchen ist bloß. Reiß mein anderes Auge aus und gib es ihr, und ihr Vater wird sie nicht schlagen.«

»Ich will noch eine Nacht lang bei Euch bleiben«, sagte der Schwalberich, »aber ich kann Euer Auge nicht ausreißen. Dann wärt Ihr vollends blind.«

»Schwalbe, Schwalbe, kleine Schwalbe«, sagte der Prinz, »tu, wie ich dich heiße.«

Also riss er auch das andere Auge des Prinzen aus und stieß damit hinab. Er umschwirrte das Mädchen mit den Schwefelhölzern und ließ das Kleinod in ihre Hand fallen. »Was für ein hübsches Stück Glas!«, rief das kleine Mädchen; und lachend lief es nach Hause.

Da kehrte der Schwalberich zurück zu dem Prinzen. »Nun seid Ihr blind«, sagte er, »und ich will für immer bei Euch bleiben.«

»Nein, kleine Schwalbe«, sagte der arme Prinz, »du musst nach Äygpten reisen.«

»Ich will für immer bei Euch bleiben«, sagte der Schwalberich und schlief ein zu des Prinzen Füßen.

Den ganzen nächsten Tag saß er auf des Prinzen Schulter und erzählte ihm Geschichten von allem, was er in der Fremde gesehen hatte. Er erzählte ihm von den roten Ibissen, die in langen Reihen an den Ufern des Nils stehen und mit ihren Schnäbeln Goldfische fangen; von der Sphinx, die so alt ist wie die Welt selbst und in der Wüste lebt und alles weiß; von den Kaufleuten, die langsam neben ihren Kamelen einherschreiten und Perlen aus Bernstein in ihren Händen tragen; vom König des Mondgebirges, der so schwarz ist wie Ebenholz und einen gewaltigen Kristall anbetet; von der großen grünen Schlange, die in einem Palmenbaum schläft und zwanzig Priester um sich hat, die sie mit Honigkuchen nähren; und von den Pygmäen, die auf breiten, flachen Blättern über einen großen See gleiten und sich allezeit mit den Schmetterlingen befehden.

»Liebe kleine Schwalbe«, sagte der Prinz, »du erzählst

mir von wundersamen Dingen, doch wundersamer als alles ist das Leiden von Männern und Frauen. Kein Geheimnis ist tiefer als das Elend. Fliege über meine Stadt, kleine Schwalbe, und erzähle mir, was du dort siehst.«

Also flog der Schwalberich über die große Stadt und sah, wie die Reichen in ihren schönen Häusern es sich wohl ergehen ließen, indes die Bettler draußen vor den Toren kauerten. Er flog in finstere Gassen und sah die weißen Gesichter hungernder Kinder, die teilnahmslos in die düsteren Straßen starrten. Unter einem Brückenbogen lagen zwei kleine Jungen und hielten einander eng umschlungen, um sich zu wärmen. »Wie hungrig wir sind!«, sagten sie. »Hier dürft ihr nicht liegen«, brüllte der Wächter, und sie irrten hinaus in den Regen.

Da flog er zurück und erzählte dem Prinzen, was er gesehen hatte.

»Ich bin mit feinem Gold bedeckt«, sagte der Prinz, »das sollst du Blatt für Blatt ablösen und meinen Armen schenken; die Lebenden glauben immer, Gold könne sie glücklich machen.«

Blatt für Blatt pickte der Schwalberich das feine Gold ab, bis der Glückliche Prinz ganz stumpf und grau aussah. Blatt für Blatt brachte er das feine Gold den Armen, und die Gesichter der Kinder färbten sich rosig, und sie lachten und spielten auf der Straße. »Jetzt haben wir Brot!«, riefen sie.

Dann kam der Schnee, und nach dem Schnee kam der Frost. Die Straßen sahen aus, als seien sie aus Silber gemacht, so hell glitzerten sie; lange Eiszapfen hingen wie kristallene Dolche von den Traufen der Häuser, alle Welt lief in Pelzen umher, und die kleinen Jungen trugen scharlachrote Mützen und liefen Schlittschuh auf dem Eis.

Dem armen kleinen Schwalberich wurde kälter und kälter, aber er wollte den Prinzen nicht verlassen, dafür liebte er ihn zu sehr. Vor der Tür des Bäckers, wenn dieser nicht hinsah, pickte er Krumen auf und suchte sich zu wärmen, indem er mit den Flügeln schlug.

Schließlich aber erkannte er, dass er sterben müsse. Er besaß eben noch genügend Kraft, um noch einmal auf des Prinzen Schulter hinaufzufliegen. »Lebt wohl, lieber Prinz!«, flüsterte er, »darf ich Euch die Hand küssen?«

»Ich bin froh, dass du endlich nach Ägypten reist, kleine Schwalbe«, sagte der Prinz, »du bist schon zu lange hiergeblieben; aber du musst mich auf die Lippen küssen, denn ich liebe dich.«

»Nicht nach Ägypten reise ich«, sagte der Schwalberich. »Ich reise zum Haus des Todes. Der Tod ist der Bruder des Schlafes, nicht wahr?«

Und er küsste den Glücklichen Prinzen auf die Lippen und fiel ihm tot zu Füßen.

In diesem Augenblick tönte aus dem Innern des Standbilds ein eigentümliches Krachen, als wäre etwas zerbrochen. Und tatsächlich war das bleierne Herz mitten entzweigesprungen. Es war ja auch ein furchtbar strenger Frost.

Am nächsten Morgen in der Frühe ging der Bürgermeister in Begleitung der Ratsherren unten über den Platz. Als sie an der Säule vorbeikamen, blickte er zu der Statue hinauf: »Oje! wie schäbig der Glückliche Prinz aussieht!«, sagte er.

»Wie schäbig, in der Tat!«, riefen die Ratsherren, die dem Bürgermeister stets beipflichteten; und sie traten heran, um die Statue näher zu besehen.

»Der Rubin ist aus seinem Schwert gefallen, seine Augen sind ausgehöhlt, und golden ist er auch nicht mehr«, sagte der Bürgermeister, »eigentlich ist er nicht viel besser als ein Bettler!«

»Nicht viel besser als ein Bettler«, sagten die Ratsherren.

»Und hier liegt ihm doch wahrhaftig ein toter Vogel zu Füßen!«, fuhr der Bürgermeister fort. »Wir müssen wirklich eine Verordnung erlassen, wonach es Vögeln nicht erlaubt ist, hier zu sterben.« Und der Stadtschreiber notierte den Vorschlag.

Also wurde das Standbild des Glücklichen Prinzen abgerissen. »Da er nicht mehr schön ist, ist er auch nicht mehr nützlich«, sagte der Kunstprofessor an der Universität.

Darauf wurde das Standbild in einem Glutofen eingeschmolzen, und der Bürgermeister berief eine Versammlung der Stadtbehörde ein, um darüber zu befinden, was mit dem Metall geschehen solle. »Natürlich brauchen wir ein anderes Standbild«, sagte er, »und das muss mein eigenes Standbild sein.«

»Nein, meins«, sagte jeder der Ratsherren, und sie gerieten in Streit. Als ich zuletzt von ihnen hörte, stritten sie noch immer.

»Wie eigenartig!«, sagte der Hüttenmeister in der Gießerei. »Dieses zerbrochene Bleiherz will einfach nicht schmelzen im Ofen. Wir müssen es fortwerfen.« So warfen sie es auf einen Kehrichthaufen, wo schon der tote Schwalberich lag.

»Bringe mir die beiden kostbarsten Dinge in der Stadt«, sagte Gott zu einem Seiner Engel; und der Engel brachte Ihm das bleierne Herz und den toten Vogel.

»Du hast recht gewählt«, sagte Gott, »denn in meinem Paradiesgarten soll der kleine Vogel in alle Ewigkeit singen, und rühmen soll mich der Glückliche Prinz in meiner Stadt aus Gold.«

Der selbstsüchtige Riese

Jeden Nachmittag, wenn die Kinder aus der Schule kamen, gingen sie hin und spielten im Garten des Riesen.

Es war ein großer, herrlicher Garten mit weichem grünem Gras. Hier und da ragten schöne Blumen wie Sterne aus dem Rasen, und es wuchsen zwölf Pfirsichbäume, die im Frühling zarte rosa und perlweiße Blüten trieben und im Herbst reiche Früchte trugen. Die Vögel saßen in den Bäumen und sangen so süß, dass die Kinder oft in ihren Spielen innehielten, um ihnen zu lauschen. »Wie glücklich sind wir hier!«, riefen sie einander zu.

Eines Tages kehrte der Riese zurück. Er war bei seinem Freund, dem Menschenfresser von Cornwall, zu Besuch gewesen und sieben Jahre bei ihm geblieben. Als die sieben Jahre um waren, hatte er alles gesagt, was er zu sagen hatte, denn seine Konversationskunst war begrenzt, und er beschloss, zu seiner eigenen Burg zurückzureisen. Als er dort ankam, sah er die Kinder im Garten spielen.

»Was treibt ihr hier?«, rief er barsch, und die Kinder liefen davon.

»Mein Garten ist mein Garten«, sagte der Riese; »das versteht ja wohl jeder, und ich werde niemandem erlauben, darin zu spielen, als mir allein.« Also errichtete er ringsumher eine hohe Mauer und stellte eine Warntafel auf.

UNBEFUGTES BETRETEN
BEI STRAFE VERBOTEN

Er war ein sehr selbstsüchtiger Riese.

Nun hatten die armen Kinder keinen Ort mehr, an dem sie spielen konnten. Sie versuchten, auf der Straße zu spielen, aber die Straße war sehr staubig und voll harter Steine, und das mochten sie gar nicht. Wenn der Unterricht zu Ende war, streiften sie oft um das hohe Gemäuer herum und sprachen von dem herrlichen Garten dahinter. »Wie glücklich waren wir dort«, sagten sie zueinander.

Dann kam der Frühling, und landauf, landab waren kleine Blüten und kleine Vögel zu sehen. Nur im Garten des selbstsüchtigen Riesen herrschte noch immer Winter. Die Vögel sangen nicht gern darin, weil es keine Kinder gab, und die Bäume vergaßen zu blühen. Einmal steckte eine hübsche Blume ihr Köpfchen aus dem Gras, doch als sie die Warntafel sah, taten ihr die Kinder so leid, dass sie wieder ins Erdreich schlüpfte und weiterschlief. Die einzigen Leute, die sich freuten, waren der Schnee und der Frost. »Der Frühling hat diesen Garten vergessen«, riefen sie, »so wollen wir das ganze Jahr hier leben.« Der Schnee deckte das Gras mit seinem großen weißen Mantel zu, und der Frost bemalte alle Bäume silbern. Dann luden sie den Nordwind ein, bei ihnen zu wohnen, und er kam ebenfalls. Er war in Pelze gemummt, und er toste den ganzen Tag durch den Garten und blies die Schornsteinaufsätze herab. »Dies ist ein reizendes Fleckchen«, sagte er, »wir müssen den Hagel zu Besuch bitten.« So kam auch der Hagel. Jeden Tag trommelte er drei Stunden lang auf das Burgdach ein, bis fast alle Schiefer zertrümmert waren, und dann tobte er, so schnell er konnte, im Garten umher. Er war in Grau gekleidet, und sein Atem war wie Eis.

»Ich begreife nicht, weshalb der Frühling sich so verspätet«, sagte der selbstsüchtige Riese, als er am Fenster saß und auf seinen kalten weißen Garten hinausblickte; »hoffentlich schlägt das Wetter bald um.«

Aber der Frühling kam nicht, und auch nicht der Sommer. Der Herbst bescherte jedem Garten goldene Früchte, nur dem Garten des Riesen bescherte er keine. »Er ist zu selbstsüchtig«, sagte er. So herrschte dort stets Winter, und der Nordwind und der Hagel und der Frost und der Schnee tanzten zwischen den Bäumen.

Eines Morgens lag der Riese wach im Bett, als er eine liebliche Musik vernahm. So süß klang sie ihm in den Ohren, dass er schon glaubte, es seien die Musikanten des Königs, die vorüberzögen. In Wahrheit war es nur ein kleiner Hänfling, der draußen vor seinem Fenster sang, aber er hatte schon so lange keinen Vogel mehr in seinem Garten singen hören, dass es ihm vorkam wie die schönste Musik der Welt. Da hörte der Hagel auf, über seinem Kopf zu tanzen, und der Nordwind ließ ab von seinem Tosen, und durch den geöffneten Fensterflügel wehte ein köstlicher Duft ihn an. »Ich glaube, der Frühling ist endlich gekommen«, sagte der Riese; und er sprang aus dem Bett und blickte hinaus.

Und was sah er?

Der allerschönste Anblick bot sich ihm. Durch eine kleine Bresche in der Mauer waren die Kinder hereingeschlüpft und saßen jetzt im Geäst der Bäume. In jedem Baum, so weit er blicken konnte, saß ein kleines Kind. Und die Bäume waren so froh, die Kinder wieder bei sich zu haben, dass sie sich mit Blüten bedeckt hatten und ihre Arme über den Köpfen der Kinder sanft hin und her schwangen. Die Vögel schwirrten umher und zwitscherten vor Freude, und die Blumen lugten aus dem grünen Gras hervor und lachten. Es war ein liebliches Bild, nur in einem Winkel herrschte noch Winter. Es war der entlegenste Winkel des Gartens, und dort stand ein kleiner Junge. Er war so klein, dass er nicht zu den Ästen des Baumes hinauflangen konnte, und so strich er um ihn herum und weinte bitterlich. Der arme Baum war noch ganz von Frost und Schnee bedeckt, und über ihm heulte und toste der Nordwind. »Steig herauf! kleiner Junge«, sagte der Baum und bog, so tief er konnte, seine Äste hernieder, aber der Junge war einfach zu klein.

Und das Herz des Riesen erweichte, als er hinaussah. »Wie selbstsüchtig bin ich doch gewesen!«, sagte er. »Jetzt weiß ich, weshalb der Frühling nicht hierherkommen wollte. Ich will den armen kleinen Jungen in den Wipfel des Baumes heben, und dann will ich die Mauer einreißen, und mein Garten soll den Kindern für alle Zeit ein Spielplatz sein.« Es reute ihn wirklich sehr, was er getan hatte.

So schlich er sich die Treppe hinab, öffnete ganz sachte die Burgtür und trat hinaus in den Garten. Aber als die Kinder ihn sahen, erschraken sie so sehr, dass sie alle davonliefen, und im Garten wurde es wieder Winter. Nur der kleine Junge lief nicht davon, denn seine Augen standen voller Tränen, sodass er den Riesen nicht kommen sah. Und der Riese stahl sich von hinten an ihn heran, nahm ihn behutsam in seine Hand und hob ihn hinauf in den Baum. Und der Baum brach sogleich in Blüten aus, und die Vögel kamen und sangen in ihm, und der kleine Junge streckte seine beiden Arme aus, schlang sie um des Riesen Hals und küsste ihn. Und als die anderen Kinder sahen, dass der Riese nicht länger böse war, kamen sie herbeigerannt, und mit ihnen kam der Frühling. »Das ist nun euer Garten, ihr Kindlein«, sagte der Riese, und er nahm eine große Axt und riss die Mauer ein. Und als die Leute um zwölf Uhr auf den

Markt gingen, fanden sie, dass der Riese mit den Kindern in dem herrlichsten Garten spielte, den sie je gesehen hatten.

Sie spielten den ganzen Tag, und am Abend kamen sie zu dem Riesen, um ihm gute Nacht zu sagen.

»Aber wo ist euer kleiner Spielgefährte?«, fragte er. »Der Junge, den ich in den Baum gehoben habe?« Den hatte der Riese am liebsten, weil er ihn geküsst hatte.

»Wir wissen es nicht«, antworteten die Kinder; »er ist fortgegangen.«

»Ihr müsst ihm sagen, dass er morgen unbedingt wiederkommen soll«, sagte der Riese. Aber die Kinder sagten, sie wüssten nicht, wo er wohne, und hätten ihn nie zuvor gesehen; und der Riese war sehr traurig.

Jeden Nachmittag, wenn die Schule aus war, kamen die Kinder und spielten mit dem Riesen. Der kleine Junge jedoch, den der Riese liebte, wurde nie wieder gesehen. Der Riese war sehr freundlich zu all den Kindern, aber er sehnte sich doch nach seinem ersten kleinen Freund und sprach oft von ihm. »Wie gern würde ich ihn wiedersehen!«, sagte er immer wieder.

Jahre vergingen, und der Riese wurde recht alt und schwach. Er konnte nicht mehr draußen spielen, und so saß er in einem riesigen Lehnstuhl, sah den Kindern bei ihren Spielen zu und bewunderte seinen Garten. »Ich habe viele schöne Blumen«, sagte er; »aber die schönsten Blumen von allen sind doch die Kinder.«

Eines Wintermorgens, als er sich eben ankleidete, sah er aus seinem Fenster. Inzwischen hasste er den Winter nicht mehr, denn er wusste, dass es bloß der schlummernde Frühling war und dass die Blumen sich ausruhten.

Plötzlich rieb er sich verwundert die Augen und schaute

und schaute. Und wirklich war es ein zauberhafter Anblick. Im entlegensten Winkel des Gartens stand ein Baum, ganz mit lieblichen weißen Blüten bedeckt. Seine Äste waren ganz golden, und silberne Früchte hingen von ihnen herab, und darunter stand der kleine Junge, den er geliebt hatte.

Voll höchster Freude lief der Riese die Treppe hinab und hinaus in den Garten. Er eilte über den Rasen und gelangte in die Nähe des Kindes. Und als er ganz dicht bei ihm stand, rötete sich sein Gesicht vor Zorn, und er sagte: »Wer hat es gewagt, dich zu verwunden?« Denn auf den Handflächen des Kindes waren die Male von zwei Nägeln, und Male von zwei Nägeln waren an den kleinen Füßen.

»Wer hat es gewagt, dich zu verwunden?«, rief der Riese. »Sage es mir, dass ich mein großes Schwert nehme und ihn erschlage.«

»Nein!«, entgegnete das Kind. »Dies sind die Wundmale der Liebe.«

»Wer bist du?«, fragte der Riese, und eine sonderbare Scheu ergriff ihn, und er kniete nieder vor dem kleinen Kind.

Und das Kind lächelte den Riesen an und sprach zu ihm: »Einst hast du mich in deinem Garten spielen lassen, heute sollst du mit mir kommen in meinen Garten, der da ist das Paradies.«

Und als die Kinder an diesem Nachmittag herbeigesprungen kamen, da fanden sie den Riesen tot unter dem Baum liegen, über und über mit weißen Blüten bedeckt.

Zu dieser Ausgabe

Die Texte folgen der Ausgabe:

Oscar Wilde: Die Märchen. Aus dem Engl. übers. und mit einem Nachw. von Hans-Christian Oeser. Stuttgart: Reclam, 2012. – *Das Sternenkind*: S. 180–203. – *Der Glückliche Prinz*: S. 7–22. – *Der selbstsüchtige Riese*: S. 32–38.

Anmerkungen

8,5 *Eichkätzchen*: Eichhörnchen.

8,28 f. *heiligen Martin*: Martin von Tours (um 316–397), Begründer des abendländischen Mönchtums und Bischof von Tours. Er ist vor allem in der katholischen Kirche einer der bekanntesten Heiligen. Der Legende nach soll er eines Winters am Stadttor von Amiens einem armen, unbekleideten Mann begegnet sein. Aus Mitleid und Barmherzigkeit soll Martin mit seinem Schwert seinen Mantel geteilt haben und eine Hälfte dem Bettler gegeben haben. In der folgenden Nacht soll ihm dann im Traum Christus erschienen sein, bekleidet mit dem halben Mantel, den Martin dem Bettler gegeben hatte. Sein Gedenktag ist der 11. November (Sankt Martin / Martinstag).

11,15 *Wechselbalg*: nach früherem Volksglauben einer Wöchnerin von bösen Geistern oder Zwergen untergeschobenes hässliches, missgestaltetes Kind.

21,20 *Giauren*: von türkisch *gavur*: Ungläubiger, Nicht-Moslem.

23,23 *Katze*: Geldkatze; ein schlauchförmiger, meist aus weichem Leder genähter Geldbeutel, der an der Längsseite einen Schlitz zum Entnehmen der Münzen enthielt. Der Beutel wurde an der Längsseite über den Gürtel gehängt und zum Bezahlen abgenommen. Mit dem Aufkommen von Geldscheinen kam die Katze aus der Mode. Der Name leitet sich vermutlich vom althochdeutschen *chazza* (›Beutel zum Tragen‹) ab.

26,19 *demütigten sich vor ihm*: hier: verbeugten sich vor ihm, traten ihm ehrerbietig gegenüber.

32,1 *Schwalberich*: halb scherzhaft für: männliche Schwalbe.

34,3 *Sans-Souci*: französisch: ohne Sorgen.

35,25 *dauerte*: jemanden dauern: jemandem leidtun, bei jemandem Mitleid erregen.

37,2 *Ornithologie*: Vogelkunde.

37,19 *Katarakt*: hier: Stromschnelle, Wasserfall.

37,21 *Memnon*: In der griechischen Mythologie der Sohn von Eos (Göttin der Morgenröte, lateinisch Aurora) und Tithonos, einem Statthalter in Assyrien (heutiges Syrien). Seine geographische

Herkunft ist umstritten, er wird aber später meist als König des äthiopischen Oberägypten verehrt.

37,26 *Berylle*: hier: Oberbegriff für Edelsteine; Beryll ist ein häufig vorkommendes Mineral, das je nach Farbbeimengungen als Aquamarin, Smaragd oder Goldberyll bekannt wurde. Vom Wort Beryll leitet sich das Wort Brille ab, da die ersten Linsen aus Kristallen geschliffen wurden.

37,30 *Mansarde*: Raum im ausgebauten Dachgeschoss mit schräger, vom Dach gebildeter Wand.

39,13 *Baalbek*: Provinzhauptstadt im Libanon, berühmt für die Tempelanlagen aus römischer Zeit. Seit 1984 ist Baalbek UNESCO-Weltkulturerbe.

40,20 *Sphinx*: Eine ägyptische Sphinx ist die Statue eines Löwen zumeist mit einem Menschenkopf. Daneben sind auch Widder-, Falken- und Sperberköpfe gebräuchlich. Am bekanntesten ist die Große Sphinx von Gizeh. In der griechischen Mythologie ist die Sphinx die Tochter zweier Ungeheuer und ein Dämon der Zerstörung und des Unheils. Sie hielt sich der Sage nach auf einem Berg bei Theben auf und stellte allen Vorbeireisenden ein Rätsel (Was geht am Morgen auf vier Füßen, am Mittag auf zweien und am Abend auf dreien?). Diejenigen, die das Rätsel nicht lösen konnten, tötete die Sphinx. Nur Ödipus konnte das Rätsel lösen (Antwort: der Mensch), woraufhin die Sphinx sich von ihrem Felsen hinab zu Tode stürzte.

40,27 f. *Pygmäen*: kleine Menschen, Kleinwüchsige. Ursprünglich ein seit dem 19. Jahrhundert eingebürgerter Sammelbegriff für eine Gruppe afrikanischer Völker in Zentralafrika, die wegen ihrer geringen Körpergröße als kleinwüchsig angesehen werden.

40,29 f. *befehden*: bekämpfen.

41,29 *Traufen*: Die Dachtraufe ist eine Tropfkante am Dach, zum Sammeln von Regenwasser häufig mit einer Dachrinne bzw. Regenrinne versehen.

47,12 *Cornwall*: lange keltisch geprägte, ehemalige Grafschaft im südwestlichsten Teil Englands, mit dem Kornischen als anerkannter Minderheitssprache.

47,15 *Konversationskunst*: Konversation: geistreiches, unterhaltsames Gespräch.

49,13 *Hänfling*: kleiner Singvogel aus der Familie der Finken, bei dem das Männchen in der Brutzeit rötliche Fiederung im Brustbereich hat.

49,17 *Tosen*: donnerndes Geräusch.

49,23 *Bresche*: ursprünglich eine Lücke in einer Verteidigungsmauer, die Angreifer erreicht haben (»eine Bresche schlagen«), hier: Loch.

50,15 *Es reute ihn*: Er bereute es.

52,11 *Male*: Zeichen, Markierung, hier: Wundmale, wie sie der gekreuzigte und auferstandene Jesus Christus seinen Jüngern zeigte, etwa dem ungläubigen Thomas (Johannes 20,19–29).

52,24 *Paradies*: in der biblischen Schöpfungsgeschichte der Garten Eden, in dem das erste Menschenpaar lebt, bevor es vom verbotenen Baum isst und darauf vertrieben wird (1. Mose 2–3); in der christlichen Tradition häufig mit dem »Reich Gottes« gleichgesetzt, in das die Menschen nach der Auferstehung gelangen.

Nachbemerkung

Oscar Wilde, Autor des Romans *Das Bildnis des Dorian Gray* und von Gesellschaftskomödien wie *Ernst sein ist alles*, *Ein idealer Ehemann* und *Lady Windermeres Fächer*, ist der Inbegriff des Dandys und des Ästhetizisten. Der 1854 als Oscar Fingal O'Flahertie Wills Wilde in Dublin geborene irische Schriftsteller hat die Strömung des Ästhetizismus bereits in seinen Studienzeiten in Oxford kennen- und schätzen gelernt, eine Strömung, die das Schöne als den höchsten Wert betrachtet. Bei Oscar Wilde ist der Ästhetizismus nicht nur in seinen Werken zu finden, sein ganzer Lebensstil zelebrierte das Schöne und auch das Dekadente. Schon sein äußeres Erscheinungsbild bot der biederen englischen Gesellschaft des damaligen London, wohin er nach dem Studium gezogen war, Anlass zu Gerede: Kniehosen aus Samt, Seidenstrümpfe, extravagante Hemden, dandyhafter Haarschnitt. Hinzu kommt die Liebe des Schriftstellers zu geschliffenen Sätzen und Pointen – sie werden später in Aphorismen-Sammlungen veröffentlicht, einige von ihnen sind berühmt geworden und unzählige Male zitiert, wie z. B.: »I have simple tastes. I'm always satisfied with the best« (»Ich habe einen einfachen Geschmack. Ich bin immer mit dem Besten zufrieden«).

Das Schöne ist auch Thema in den Märchen des vorliegenden Bändchens, *Das Sternenkind*, *Der Glückliche Prinz* und *Der selbstsüchtige Riese*. Insgesamt hat Wilde nicht viele Prosatexte verfasst – *Das Bildnis des Dorian Gray* ist sein einziger Roman, Erzählungen und Märchen sind es nicht mehr als zehn, wobei die Märchen als typische Vertreter der im 19. Jahrhundert aufkommenden Gattung des Kunstmärchens gelten. Märchenhafte Elemente erkennen wir in allen drei Texten: So treffen wir sowohl im *Sternenkind* als auch im *Glücklichen Prinzen* und dem *Selbstsüchtigen Riesen* auf Königinnen, Könige und Prinzen, auf Riesen und auf sprechende Tiere. Das Sternenkind unterhält sich vor allem im märchenhafteren zweiten Teil erst mit Tieren, die ihm deutlich machen, wie sehr er sich an ihnen vergangen hat, dann mit dem Hasen, der ihn zum Dank dafür, dass das Sternenkind sein Leben gerettet hat, zu den Goldmünzen führt. Im *Glücklichen Prinzen* spricht ein Vogel mit einer Statue, und im *Selbstsüchtigen Riesen* ist mit dem Riesen eine Märchengestalt sogar titelgebende Hauptfigur. Typisch für die Gattung des Märchens ist die Drei, eine geradezu magische Zahl, die seit jeher als heilig gilt, da sie Vollkommenheit ausdrückt. Im *Sternenkind* begegnet sie uns in den drei Jahren des Herumirrens, in den drei Goldmünzen, die das Sternenkind finden muss, und den drei Jahren, die es später als König herrscht. Die drei Versuche oder drei Bewährungsproben finden wir im *Glücklichen Prinzen* wieder, der dreimal die kleine Schwalbe ausschickt, um die drei Edelsteine, die sich an seiner Statue befinden, zu verschenken und damit Gutes zu tun.

Daneben finden wir aber Elemente, die erst das Kunstmärchen eingeführt hat und die gegen das Prinzip der klassischen Volksmärchen, wie wir sie von den Brüdern Grimm kennen, verstoßen. Am auffallendsten ist hier das Ende: Während im Volksmärchen immer das Gute über das Böse siegt, haben Wildes Märchen eigentlich kein Happy End. Das Sternenkind durchläuft zwar einen Lernprozess und wird auf märchenhafte Weise vom herzlosen und arroganten zum demütigen und liebenden Menschen, doch das

Glück währt nur kurz: Statt des klassischen ›Und wenn sie nicht gestorben sind, dann leben sie noch heute‹ des Volksmärchens lesen wir im *Sternenkind*, dass das Glück von kurzer Dauer war: »Doch er regierte nicht lange, so groß war sein Leid gewesen und seine Feuerprobe so hart, denn nach drei Jahren starb er.« Und als sei es damit nicht genug, lautet der letzte Satz des Märchens: »Und er, der nach ihm kam, regierte gottlos« (S. 28). Nicht nur das persönliche Glück des Helden ist schnell vorüber, das Gute, das mit ihm an die Macht kommt, endet mit ihm, da sein Nachfolger ein schlechter Herrscher ist.

Ähnlich zweischneidig ist das Ende des *Glücklichen Prinzen*: Zwar erfahren wir dort, dass Gott sich der beiden Wohltäter, des Prinzen und des Schwalberichs, in seiner Gerechtigkeit erbarmt und ihnen einen Ehrenplatz im Paradies zuweist: »in meinem Paradiesgarten soll der kleine Vogel in alle Ewigkeit singen, und rühmen soll mich der Glückliche Prinz in meiner Stadt aus Gold« (S. 44). Doch auf der Welt ist damit dem Guten keineswegs Gerechtigkeit widerfahren: Der kleine Schwalberich mit dem großen Herzen büßt mit dem Tod, dass er erst dem Glücklichen Prinzen bei seinen guten Taten hilft und diesen dann, blind, wie er ohne seine Edelstein-Augen geworden ist, nicht alleine lassen will. Und der Glückliche Prinz, dessen bleiernes Herz beim Anblick des toten Vogels zerspringt, wird vom Sockel genommen und in einer Bleigießerei geschmolzen – sein Herz, das der Hitze des Schmelzofens widersteht und nicht flüssig werden will, wird zum Leichnam des Vogels auf einen Müllhaufen geworfen.

Neben das moralische Happy End tritt ein Unhappy End, das beim *Sternenkind* die Ungerechtigkeit des Schicksals zeigt, beim *Glücklichen Prinzen* die Ignoranz der Menschen, die die Statue des Glücklichen Prinzen jetzt, da Edelsteine und Blattgold weg sind, nicht mehr auf ihrem Platz dulden.

Anders allerdings das Ende beim *Selbstsüchtigen Riesen*: Während die Aufnahme ins Paradies im *Glücklichen Prinzen* einen bitteren Beigeschmack hat, ist sie im *Selbstsüchtigen Riesen* eindeutig positiv konnotiert. Nachdem der Riese eine Wendung von der egoistischen Selbstsucht zur Nächstenliebe durchgemacht hat, lebt er glücklich inmitten der Kinder, die seinen Garten in ein irdisches Paradies verwandeln. Der einzige Wermutstropfen ist die Abwesenheit des kleinen Jungen, dem er seine Verwandlung zu verdanken hat. Schon gealtert, sieht der Riese den Jungen endlich wieder, und erst in diesem Moment erkennt er an den »Wundmale[n] der Liebe« (S. 52), dass derjenige, der ihn die Liebe gelehrt hat, das Jesuskind ist. Der Junge führt ihn zum Dank dafür, dass der Riese ihn in dessen Garten spielen lassen hat, in seinen Garten, ins himmlische Paradies. Im Kontext der religiösen Bedeutung des Märchens sind auch die Zahlen zu interpretieren: Die sieben Jahre, die der Riese bei seinem Freund in der Ferne verbringt und die wir als symbolische Zahl auch beispielsweise aus *Schneewittchen und die sieben Zwerge* kennen, spielen auf die Sieben als Zahl der Hauptsünden und der Kardinaltugenden genauso wie auf die Summe und damit Einheit von Vier als Zahl des Irdischen, Menschlichen und Drei als Zahl des Himmlischen, der Trinität, an, während die zwölf Pfirsichbäume im Garten des Riesen auf die zwölf Jünger Jesu oder die häufige Zwölfzahl bei der Beschreibung des himmlischen Jerusalems in der Johannesapokalypse verweisen.

Die Schönheit ist dabei auf doppelte Weise wichtig in den vorliegenden Texten. Am Beispiel des Glücklichen Prinzen zeigt der Text, dass der äußere Schein nicht dem inneren Sein entsprechen muss: Die Mutter, die ihrem Kind sagt, es solle sich ein Beispiel am Glücklichen Prinzen nehmen, der niemals weine, lässt sich von der äußeren Schönheit täuschen – als ob das schöne Äußere auch glücklich machen müsse. Dass dies nicht so ist, zeigen die Tränen des Prinzen, die den kleinen Schwalberich treffen. Andererseits steckt in der ohne Edelsteine und Blattgold nicht mehr schön aussehenden Statue des Prinzen ein edles Herz – das allerdings am Ende wenig hilft: Ohne äußere Schönheit verliert der Prinz seine gesellschaftliche Anerkennung und seinen Platz. Seine Statue wird von den Stadtoberen aussortiert. Dass ausgerechnet Oscar Wilde eine solch zwiespältige Botschaft zur Schönheit präsentiert, passt zu einem Bekenntnis, das er in einem Brief an einen Bekannten schreibt: »Der Welt erscheine ich, von meiner Seite absichtlich, bloß wie ein Dilettant und Dandy – es ist nicht klug, der Welt das eigene Herz zu zeigen – und wie ernsthaftes Verhalten die Tarnung des Trottels ist, ist Narrheit in ihren exquisiten Arten von Belanglosigkeit und Gleichgültigkeit und Mangel an Sorge das Gewand des weisen Mannes. In solch einem geschmacklosen Zeitalter wie diesem brauchen wir alle Masken.«

Auch im *Sternenkind* geht es um die Schönheit als Maske, wenn auch auf eine andere Art und Weise: Das Sternenkind ist schön und deshalb von allen geliebt und anerkannt. Aber es ist auch hochmütig und selbstverliebt – eine Anspielung auf den antiken griechischen Mythos des Narziss, der aus lauter Selbstliebe unfähig ist, jemand anderen zu lieben. Trotz all seiner bösen Taten verliert das Sternenkind seine Schönheit allerdings erst, als es die eigene Mutter verstößt, weil diese hässlich aussieht. In diesem Moment wird das Äußere dem grausam-herzlosen Inneren gleich, nämlich hässlich. Seine Schönheit erlangt das Sternenkind erst zurück, als es sich nicht nur durch gute Taten dem Aussätzigen gegenüber als moralisch geläuterter Mensch zeigt, sondern auch diesen und seine Mutter, die er als Bettlerin erst verhöhnt und abgewiesen hatte, aus ehrlichem Gefühl um Verzeihung bittet. Jetzt stimmen äußere Schönheit und innere Schönheit überein. In diesem Augenblick erweist sich wiederum die Hässlichkeit von Aussätzigem und Bettlerin als Maske: In Wirklichkeit sind die beiden ein Königspaar.

Anders verhält es sich mit der Schönheit wiederum im *Selbstsüchtigen Riesen*: Der Abwesenheit von (Nächsten-) Liebe entspricht die Abwesenheit von Schönheit im Garten des Riesen. Diese kehrt erst zurück, als der Riese seine Selbstsucht überwindet und sein Herz der Liebe öffnet. Dadurch wird sein Garten zu einem paradiesischen Ort; die äußere Schönheit ist untrennbar verbunden mit innerer Schönheit, mit dem moralisch Guten. Die Nähe des *Selbstsüchtigen Riesen* zur religiösen Parabel entspricht weniger der ästhetizistischen Konzeption von Schönheit als der schon seit der Antike bestehenden Auffassung, dass echte Schönheit nur in Verbindung mit dem Wahren und dem Guten existiere. Diese Auffassung vertritt auch John Ruskin, ein englischer Schriftsteller und Kunstkritiker des 19. Jahrhunderts, der zu den geistigen Mentoren von Wilde gehört.

Die vielfältigen Verstrickungen von Schönheit und Gesellschaft – sei es in Form von Anerkennung oder Ablehnung – haben nicht nur Oscar Wildes Leben geprägt, sondern auch zu seinem Untergang geführt: Die Skepsis der Londoner Gesellschaft dem Ästheten und Lebemann Wilde gegenüber wird ihm zum Verhängnis, als der Vater seines Geliebten Alfred Douglas ihn der Unzucht bezichtigt – kurz zuvor waren homosexuelle Kontakte in England unter dem Etikett der Sodomie unter Strafe gestellt worden. Oscar Wilde, obwohl verheiratet und Vater zweier Kinder, hat aus seinen homoerotischen Neigungen nie einen großen Hehl gemacht. Er wehrt sich dennoch gegen diese offene Anschuldigung – und geht aus dem Gerichtsprozess nicht nur als Verlierer, sondern als Angeklagter hervor. Unter dem Jubel vieler Zuschauer wird er am Ende zu zwei Jahren Zuchthaus verurteilt. Ausgerechnet der Ästhet Oscar Wilde wird in das berühmt-berüchtigte Zuchthaus in Reading überführt – einen größeren Gegensatz kann man sich wohl kaum denken. Und so ist es auch kein Wunder, dass Wilde als gebrochener Mann entlassen wird. Er flieht nach seiner Entlassung ins Exil nach Paris, wo er den Rest seines kurzen Lebens in Armut und gesundheitlich stark angeschlagen verbringt. Auch das erscheint wie ein Märchen mit traurigem Ausgang: Der einst gefeierte Schriftsteller stirbt einsam und verarmt in einem Hotel in Paris – genau drei Jahre nach seiner Entlassung aus dem Gefängnis.

Inhalt